근대 국가를 꿈꾼 대한 제국

# 조선은 왜 대한 제국이 되었나요?

글 김대호 | 그림 문종인

다섯수레

조선은 왜 대한 제국이 되었나요?

처음 찍은 날 | 2022년 1월 25일
처음 펴낸 날 | 2022년 2월 10일

글 | 김대호
그림 | 문종인

펴낸이 | 김태진
펴낸곳 | 다섯수레
주소 | 경기도 파주시 광인사길 193 (우 10881)
전화 | 02)3142-6611 (서울 사무소)
팩스 | 02)3142-6615
홈페이지 | www.daseossure.co.kr
등록번호 | 제 3-213호
등록일자 | 1988년 10월 13일

인쇄 | (주)로얄프로세스
제본 | (주)책다움

ⓒ 김대호 2022

ISBN 978-89-7478-453-9 74910
ISBN 978-89-7478-445-4(세트)

김대호 선생님은 서울대학교 역사교육과를 졸업하고 동 대학원에서 박사 과정을 수료했습니다. 현재 교육 분야 큐레이션 사업을 통해 가치 있는 교육 정보를 공유하고 교육 문화를 개선하는 활동에 참여하고 계십니다. 《우리 역사, 어떻게 읽고 생각할까》(공저), 《한국 근대사를 꿰뚫는 질문 29》(공저), 《중국 사신 장건, 실크로드를 개척하다》, 《통일신라의 혜초, 실크로드를 왕오천축국전에 담다》 등을 쓰셨습니다.

문종인 선생님은 《조선은 어떻게 세계 최대 기록 문화유산을 남겼나요?》, 《발해를 왜 해동성국이라고 했나요?》, 《봄나물에는 무엇이 있을까요?》에 그림을 그렸습니다.

편집 | 김경회, 김시완, 송미경, 신혜수, 정엄지
디자인 | 박정민
마케팅 | 박희준
제작관리 | 송정선, 김남희

# 차례

| | |
|---|---|
| 4 | 흥선 대원군이 집권했을 때 조선은 어떤 상황이었나요? |
| 4 | 대원군은 왜 서원을 없앴나요? |
| 5 | 경복궁 재건에는 어떤 문제가 있었나요? |
| 6 | 조선의 보물들은 왜 프랑스로 넘어갔나요? |
| 7 | 미국은 왜 강화도를 침략했나요? |
| 8 | 유학자들은 왜 서양을 '짐승의 나라'라고 생각했나요? |
| 8 | '개화'란 무엇인가요? |
| 9 | 개화를 강력히 주장한 사람은 누구인가요? |
| 10 | 조선은 어떻게 나라의 문을 열게 되었나요? |
| 10 | 강화도 조약에는 어떤 문제가 있었나요? |
| 11 | 조선은 왜 미국과 수교를 맺었나요? |
| 12 | '동도서기'란 무엇인가요? |
| 12 | 구식 군인들은 왜 반란을 일으켰나요? |
| 13 | 청나라는 왜 조선의 정치에 간섭했나요? |
| 14 | 급진 개화파는 왜 쿠데타를 일으켰나요? |
| 15 | 갑신정변을 왜 '3일 천하'라고 부르나요? |
| 16 | 조선은 왜 쌀 수출을 금지했나요? |
| 16 | 농민들은 왜 동학 농민 운동을 일으켰나요? |
| 17 | 동학 농민군은 왜 일본군에 패했나요? |

| | | | |
|---|---|---|---|
| 18 | 신분 제도는 언제 사라졌나요? | 29 | 일본은 어떻게 대한 제국의 외교권을 빼앗았나요? |
| 18 | 청나라는 왜 동아시아의 패권을 빼앗겼나요? | 29 | 고종 황제는 왜 헤이그에 비밀 특사를 보냈나요? |
| 19 | 일본은 왜 조선의 왕비를 죽였나요? | 30 | 일진회는 왜 일본과 한 나라가 되어야 한다고 했나요? |
| 20 | 고종은 왜 러시아 공사관으로 탈출했나요? | 30 | 일본이 대한 제국의 주권을 빼앗은 것은 불법인가요? |
| 20 | 조선은 왜 대한 제국이 되었나요? | 31 | 대한 제국 사람들은 왜 철도를 파괴하려고 했나요? |
| 21 | 고종은 황제가 되기 위해 무엇을 했나요? | 31 | 대한 제국 사람들은 왜 나라의 빚을 대신 갚으려고 했나요? |
| 22 | 대한 제국은 왜 토지 측량에 힘을 쏟았나요? | 32 | 가장 인기가 많은 신문은 무엇이었나요? |
| 22 | 대한 제국을 대표하는 근대 회사는 무엇인가요? | 32 | 신민회가 꿈꾼 나라는 어떤 모습이었나요? |
| 23 | 신식 학교는 언제부터 만들어졌나요? | 34 | 안중근은 왜 이토 히로부미를 죽였나요? |
| 24 | 우리나라 최초의 국비 유학생은 누구인가요? | 34 | 간도는 대한 제국의 땅인가요? |
| 24 | 대한 제국이 도입한 신문물에는 어떤 것이 있나요? | 35 | 일본은 언제부터 독도를 탐냈나요? |
| 25 | 고종 황제는 왜 전차 도입을 서둘렀나요? | 35 | 대한 제국을 알려면 어떻게 해야 하나요? |
| 26 | 대한 제국에 국민의 의견을 대표하는 의회가 있었나요? | 36 | 새 나라의 가능성과 한계를 함께 보여 준 대한 제국 |
| 27 | 만민 공동회는 어떤 모임이었나요? | 40 | 찾아보기 |
| 27 | 대한 제국은 왜 중립국이 되려고 했나요? | | |
| 28 | 러일 전쟁은 대한 제국에 어떤 영향을 주었나요? | | |
| 28 | 미국은 왜 대한 제국을 돕지 않았나요? | | |

## 흥선 대원군이 집권했을 때 조선은 어떤 상황이었나요?

1863년에 철종이 대를 이을 자식이 없이 죽자 흥선 대원군의 둘째 아들(고종)이 왕위에 올랐어요. 하지만 겨우 열두 살에 불과했던 고종이 정치를 하기는 어려워 흥선 대원군이 중요한 일을 결정했지요. 당시 조선은 안팎으로 어려움에 처해 있었어요. 몇몇 힘 있는 사람들이 수십 년 동안 권력을 독차지해 부정부패를 일삼았고, 무거운 세금에 시달리던 농민들은 불만을 터뜨리며 곳곳에서 시위를 벌였지요. 밖으로는 서양 세력이 개항을 요구하며 압력을 가했어요. 이렇게 온갖 문제로 갈팡질팡하던 그때, 흥선 대원군이 등장했어요.

**검은색 단령을 입은 흥선 대원군**
흥선 대원군이 50세가 되는 해에 제작한 전신 초상화예요. 가슴에 있는 해치 흉배를 보면 당시 흥선 대원군의 위세를 짐작할 수 있어요. 서울역사박물관 소장.

## 대원군은 왜 서원을 없앴나요?

서원은 훌륭한 유학자의 제사를 모시면서 많은 인재를 길러 낸 지방 교육 기관이에요. 그런데 조선 후기에 들어 서원을 중심으로 모인 유학자들끼리 편을 나누어 다투는 일이 많았어요. 게다가 각종 혜택을 받으면서 백성들의 재산을 강제로 빼앗는 등 원성이 높아 왕에게는 큰 골칫거리였어요. 그래서 흥선 대원군은 중요한 서원 47개만 남겨 두고 나머지는 모두 없애라고 명령했어요.

**상주 옥동 서원**
세종 때의 유명한 재상이었던 황희를 추모하기 위해 1518년에 세워졌어요. 대원군의 서원 철폐령 때 황희를 모신 서원 가운데 유일하게 훼손되지 않아 오늘날까지 보존되고 있어요.

# 경복궁 재건에는 어떤 문제가 있었나요?

조선을 대표하는 궁궐 경복궁은 임진왜란 때 불타 폐허가 되고 말았어요. 대원군은 경복궁을 다시 지어 왕의 권위를 보여 주려고 했지요. 그런데 궁궐을 다시 지으려면 많은 돈이 필요했어요. 그래서 '당백전(고액 화폐)'을 발행하고, 양반들에게 '원납전'이라는 기부금을 강제로 거두었지요. 게다가 양반들이 모시던 조상 무덤에서 나무를 베어 궁궐을 짓는 데 사용했어요. 한편 백성들도 경복궁 공사에 강제로 동원돼 원망이 하늘을 찔렀어요.

**당백전**
국립중앙박물관 소장.

**경복궁 근정전**
경복궁의 중심 건물로 임금의 즉위식이나 대례 등 국가 의식을 거행하고 외국 사신을 맞이하던 곳이에요. 지금의 건물은 1867년에 대원군이 다시 지은 거예요.
문화재청 소장.

● **당백전은 왜 백성들의 원망을 샀나요?**
당백전은 경복궁 재건과 군비 확장에 필요한 돈을 마련하기 위해 대원군이 1866년에 만든 화폐예요. 법에서 정한 당백전의 가치는 당시 사용되던 상평통보의 100배였는데, 실제 가치는 5~6배에 불과했지요. 그래서 화폐 가치가 폭락하면서 물가가 크게 올랐어요. 그 결과 백성들의 삶이 팍팍해졌고 경제도 큰 혼란에 빠졌지요. 결국 당백전은 1867년에 폐지되고 말았어요.

# 조선의 보물들은 왜 프랑스로 넘어갔나요?

1866년에 대원군은 프랑스 선교사 9명과 천주교 신자 8천여 명을 처형했어요. 모든 사람은 평등하다고 말하는 천주교가 계속 퍼지자 신분제 사회인 조선에 큰 위협이 될 거라고 여겼던 거지요. 그러자 프랑스가 이를 문제 삼아 강화도를 공격해 점령하면서 외교 관계를 요구했어요(병인양요). 하지만 조선군이 끝까지 맞서며 저항하자, 프랑스군은 조선 왕실의 의궤 등 수백 권의 서적과 보물들을 훔쳐 달아났어요.

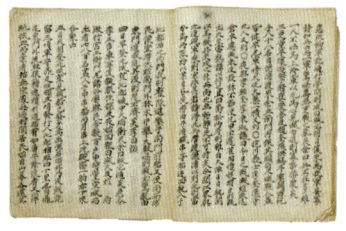

**양헌수의 《병인일기》**
병인양요에 출전하여 승리를 거둔 양헌수 장군의 일기예요. 정족산성에서 벌인 전투 과정이 자세히 실려 있어요.
전쟁기념관, 한국문화정보원 소장.

**《강화부 궁전도》에 수록된 〈외규장각도〉**
외규장각은 1782년에 규장각 소장 서적을 보관하기 위해 강화도에 설치한 왕실 도서관이에요. 병인양요 때 프랑스 함대의 공격을 받아 불타 사라졌어요.
국립중앙도서관 소장.

**강화도를 점령한 프랑스 군인 쥐베르가 그린 병인양요**
병인양요에 참전한 프랑스 군인 쥐베르가 1866년 당시 강화와 조선의 모습을 세밀하게 묘사해 남겼어요.
강화전쟁박물관 소장.

# 미국은 왜 강화도를 침략했나요?

1866년에 미국의 무역선 제너럴셔먼호가 평양에 멋대로 정박한 뒤 무역을 요구했어요. 그러나 평양 군민의 공격을 받고 불타 침몰하고 말았지요. 미국은 5년 뒤인 1871년에 제너럴셔먼호의 피해 배상과 무역을 요구하며 강화도를 침략했어요 (신미양요). 미국 함대는 막강한 군사력을 앞세워 위협했지만 조선군은 끝까지 굴복하지 않았지요. 미국은 조선을 힘으로 제압해 개항시키기 어렵다는 것을 깨닫고 순순히 물러났습니다.

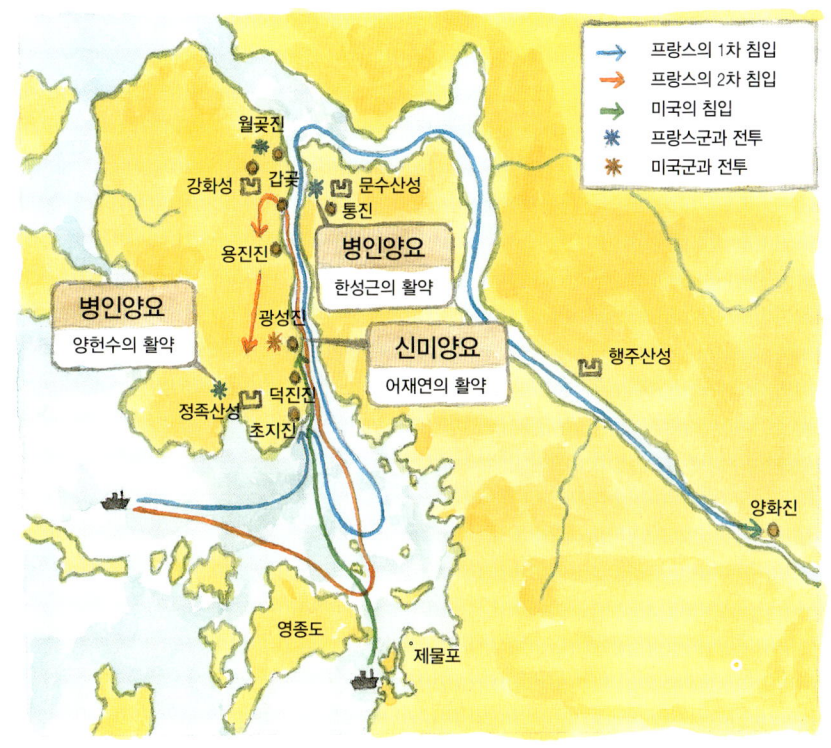

병인양요와 신미양요의 격전지

**콜로라도호**
1871년 강화 해협에 침입한 미국 함대 콜로라도호. 전쟁기념관, 한국문화정보원 소장.

● **남연군 묘 도굴 사건**

1868년에 독일 상인 오페르트 무리가 대원군 아버지인 남연군의 묘를 파헤쳤어요. 2년 전 조선에 무역을 요구했는데 거절당하자, 남연군의 시신을 훔쳐 무역을 협상하려 했던 거예요. 하지만 묘가 석회로 단단하게 칠해져 있어서 결국 실패하고 말았지요. 이에 크게 분노한 대원군은 나라의 문을 더 굳게 잠그고 서양의 외교 관계 요구를 단호히 거부했어요.

**남연군 묘**
1868년에 대원군의 아버지인 남연군의 묘가 오페르트에게 도굴되어 외교 문제가 불거졌어요.
ⓒ 한국학중앙연구원, 유남해

**옥천 척화비**
대원군은 1871년에 서양의 침략을 경계하기 위해 전국 곳곳에 척화비를 세웠어요. '서양 오랑캐가 침입하는데 싸우지 않으면 화친하자는 것이고, 화친을 주장하는 것은 나라를 팔아먹는 짓이다(洋夷侵犯 非戰則和 主和賣國).'라고 새겨져 있어요.

## 유학자들은 왜 서양을 '짐승의 나라'라고 생각했나요?

조선의 유학자들은 우리를 수준 높은 문화 민족이라고 여겼어요. 반면 서양은 임금도, 부모도 제대로 섬길 줄 모르는 짐승 같은 나라라고 생각했지요. 그래서 조선의 소중한 전통을 제대로 지키지 않는다고 여겨 서양의 물건과 제도를 받아들일 수 없다고 거세게 반대했어요.

**상소를 올리는 양반 유생들**
성리학을 받들던 양반 유생들은 위정척사 운동을 벌였어요. '위정척사'는 바른 것을 지키고 사악한 것을 물리치자는 뜻으로, 바른 것은 성리학적 사회 질서이고 사악한 것은 서양 문물을 가리켜요.

● **위정척사 운동**
1876년 강화도 조약이 체결되면서 조정은 일본과 청나라에 시찰단과 유학생을 파견하고 서양의 여러 나라와 외교를 맺으려 했어요. 그러자 수많은 유학자들이 상소문을 올리며 궁궐 앞에서 반대 시위를 벌였어요. 서양과 일본은 모두 침략자이며 조선의 유교 문화와 전통을 지키자고 주장했는데, 이것이 바로 '위정척사 운동'이에요.

**최익현의 초상화**
조선 후기의 충신 최익현은 강력한 위정척사 운동을 펼치면서 나라의 자주권을 지키자고 주장했어요. 국립중앙박물관 소장.

## '개화'란 무엇인가요?

유학자들은 조선의 전통을 반드시 지켜야 한다고 주장했지만, 어떤 사람들은 조선이 하루빨리 서양과 외교 관계를 맺어 과학과 산업을 발전시켜야 한다고 생각했어요. 이렇게 서양의 문화와 제도를 받아들이는 것을 '개화'라고 해요. 개화를 주장한 사람들은 전통을 지키려는 유학자들과 끊임없이 충돌하였습니다.

# 개화를 강력히 주장한 사람은 누구인가요?

박규수, 유홍기, 오경석은 조선이 하루빨리 개화사상을 받아들여 근대화를 이루어야 한다고 주장했어요. 박규수는 일찍이 외국 문물의 도입을 주장한 연암 박지원의 손자로 중국 청나라에 사신으로 왕래하면서 개화 의식을 가지게 되었어요. 유홍기와 오경석도 통역관 집안 출신으로 누구보다 빨리 세계 변화의 흐름을 꿰뚫어 보았지요. 이들은 열강의 침략을 피하려면 문호를 개방해야 한다고 목소리를 높였어요.

**박규수의 초상화**
박규수는 영·정조 시대의 실학을 계승해 개화사상으로 발전시켰어요. 실학박물관 소장.

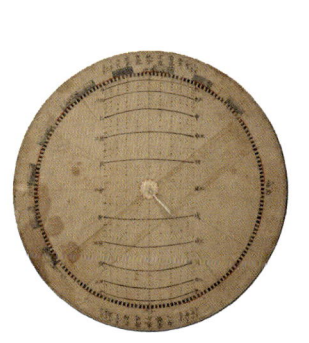 

**박규수가 제작한 천문 관측 기구 간평의(왼쪽)와 평혼의(오른쪽)**
간평의는 동양 전통의 천문 관측 기구인 혼천의를 간편하게 만든 거예요. 실제 관측용이라기보다 천체를 이해하기 위한 도구로 활용했을 가능성이 커요. 평혼의는 별자리의 위치를 통해 시간과 계절을 측정하는 거예요. 평면의 원에 남반구와 북반구의 별들이 표시되어 있고 경도·위도·황도가 선으로 표시되어 있어요. 실학박물관 소장.

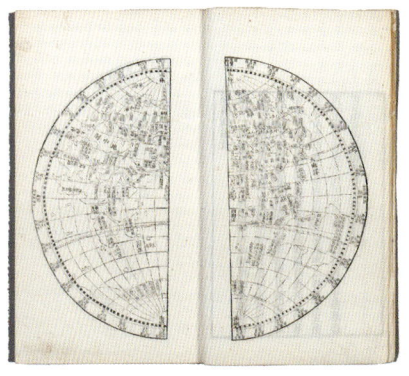

**《해국도지》에 실린 세계 지도**
《해국도지》는 중국 청나라의 위원이 1842년에 지은 세계 지리서예요. 세계 여러 나라의 지리·역사·과학 기술 등이 실려 있어 조선의 개화사상에 큰 영향을 끼쳤어요. 국립중앙박물관 소장.

**《영환지략》**
《영환지략》은 중국 청나라의 서계여가 지은 세계 지리서예요. 오경석은 《영환지략》과 《해국도지》를 접하면서 개화사상에 눈떠, 뒷날 박규수와 함께 개항을 주장하면서 강화도 조약 체결에도 영향을 주었어요. 국립제주박물관 소장.

## 조선은 어떻게 나라의 문을 열게 되었나요?

1875년에 일본 군함 운요호가 강화도에 불법 상륙해 전투가 벌어졌어요. 일본이 조선과 수교를 맺기 위해 의도적으로 강화도를 공격한 것이지요. 일본은 운요호를 공격한 조선군에 책임을 물으면서 무역을 요구했고, 이듬해 불평등한 강화도 조약이 체결되었어요. 조선은 외국 세력의 침입을 막기 위해 애썼지만, 결국 일본에게 나라의 문을 열고 말았어요.

**강화도 연무당을 점거한 일본군**
일본군은 강화도 연무당을 점거한 채 강화도 조약 체결을 강요하며 무력시위를 벌였어요. 1876년 촬영. 국립중앙박물관 소장.

## 강화도 조약에는 어떤 문제가 있었나요?

강화도 조약은 일본의 강압으로 맺어진 불공정 조약이어서 조선에 불리한 내용이 많았어요. 가장 큰 문제는 일본이 조선의 바다와 섬을 자유롭게 측량하고 바다 지도를 작성할 수 있게 한 것이었지요. 또 일본인이 조선에서 범죄를 저지르더라도 조선이 아닌 일본에서 재판받게 했어요. 일본에서 수입한 물품에는 세금을 매기지 않았던 것도 조선에 불리했지요.

**운요호의 불법 침입**
운요호가 강화도에 불법으로 상륙해 공격하는 모습을 그린 일본 측의 상상도예요.

# 조선은 왜 미국과 수교를 맺었나요?

고종은 아버지 대원군과 달리, 적극적으로 개화 정책을 추진했어요. 일본 말고도 서양의 나라들과 외교를 맺어 선진 기술과 제도를 받아들이려고 했지요. 그 첫 번째 나라가 미국이었어요. 미국은 유학자들이 매우 싫어하는 천주교가 아니라 개신교를 믿는 국가였고, 유럽의 열강들과 달리 힘이 약한 조선의 영토에 큰 욕심이 없다고 믿었기 때문이에요.

**조미수호통상조약 체결 장면**
위 사진은 영국 신문 〈The Illustrated London News〉에 실린 조미수호통상조약 체결 장면이에요. 국립중앙박물관 소장.

**조선 보빙사 일행**
1883년에 미국으로 파견된 조선 보빙사 일행을 찍은 사진이에요. 1882년 조미수호통상조약이 체결된 이후 조선과 미국의 친선을 위해 파견되었지요. 미국에 도착한 보빙사 일행은 체스터 아서 대통령을 접견한 뒤, 40여 일 동안 체류하며 병원, 신문사, 육군사관학교 등을 방문하고 미국 정치와 농사 개량 지식을 배웠어요.

● **천주교와 개신교**

두 종교는 모두 하나님을 섬기고 예수 그리스도의 가르침을 따르지만 몇 가지 다른 점이 있어요. 천주교는 교황을 예수의 수제자인 베드로의 후계자로 여겨 모든 교회의 대표자로 인정해요. 하지만 개신교는 교황의 권위를 인정하지 않지요. 예수의 어머니인 마리아를 공경하는 마음도 천주교가 개신교보다 훨씬 큽니다. 천주교는 조선 후기에 서양의 과학 기술과 문화를 연구하는 학문인 '서학'으로 전래되었다가 점차 신앙으로 받아들여 천주교로 불리게 되었어요. 조선은 천주교 신자들이 제사를 지내지 않는 등 조선의 전통을 무너뜨린다고 생각해 박해하였습니다.

**서울 양화나루와 잠두봉 유적에 세워진 천주교 순교자 기념탑**
천주교서울대교구기념관 소장.

## '동도서기'란 무엇인가요?

'동도서기'는 '동양의 제도'와 '서양의 기술'이라는 뜻이에요. 동양의 전통적인 제도와 사상은 그대로 유지하면서 서양의 발전된 문명과 기술만 받아들이자는 개화사상이지요. 당시 서양은 힘을 앞세워 동양으로 밀려들고 있었어요. 하지만 조선, 중국, 일본 모두 서양의 과학 기술과 군사 기술만 배우고 싶어 했지요. 조선에서는 이를 가리켜 '동도서기'라고 불렀어요.

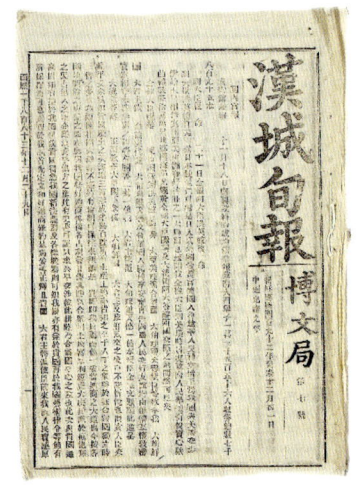

**〈한성순보〉**
1883년 10월부터 열흘에 한 번씩 발행한 신문이에요. 국민들에게 세계정세를 알리고 선진 국가의 정치·경제·문화를 소개할 목적으로 창간되었어요. 국립중앙박물관 소장.

## 구식 군인들은 왜 반란을 일으켰나요?

개화 정책이 실시되면서 조선은 신식 군대인 별기군을 우대했어요. 그러자 별기군보다 월급도 적고 차별을 받은 구식 군인들이 불만을 터뜨리며 반란을 일으켰어요(임오군란). 월급을 지급하는 관청과 일본 공사관을 습격하고, 별기군을 훈련시키던 일본인 교관을 죽였지요. 그리고 이 모든 것이 고종과 왕비의 개화 정책 때문이라고 목소리를 높였어요. 결국 고종은 대원군에게 다시 정권을 넘기고 물러날 수밖에 없었어요.

**친군영함**
'친군영'은 고종이 임오군란 이후 혼란스러운 중앙 군대를 새로 정비하기 위해 설치한 군사 기관이에요. 사진은 친군영의 관인을 보관했던 함으로, 앞면에 '親軍營' 자가 붙어 있어요. 국립고궁박물관 소장.

**일본 공사관을 습격하는 구식 군인들**
일본 공사관은 영조 때부터 천연정 근처에 있었던 경기중군영 건물로, 일본 초대 주한공사가 머물렀어요. 서울역사박물관 소장.

# 청나라는 왜 조선의 정치에 간섭했나요?

대원군은 다시 권력을 잡았지만 그리 오래가지 못했어요. 왕비 친척들의 요청을 받은 청나라가 대원군에게 임오군란의 책임을 씌워 체포해 갔기 때문이에요. 이후 청의 군대는 조선에 그대로 남아 일본이 조선에서 더 이상 힘을 쓰지 못하게 막으려 했지요. 청나라는 이때부터 조선의 정치에 간섭하며 자신들의 뜻대로 하길 원했어요. 결과적으로 임오군란은 조선에 대한 청나라의 권한을 확대시키는 계기가 되었지요.

**백자채화인물무늬 꽃모양 접시**
백자 접시에 그려진 인물들은 1800년대 말 조선, 일본, 중국의 정치적 관계에서 중요한 위치에 있던 역사 인물들이에요. 왼쪽부터 중국의 총리교섭통상대신으로 조선에 부임하여 국정을 간섭했던 위안스카이, 고종, 1894년 내정 개혁을 요구하며 조선에 대한 정치적 간섭을 주도했던 일본의 오토리 공사, 후쿠시마 중위로 짐작되어요. 국립고궁박물관 소장.

● **제물포 조약**
일본은 조선에 임오군란으로 입은 피해를 보상하라고 요구했어요. 손해 배상금 55만 원을 지급할 것, 임오군란의 우두머리를 처벌할 것, 조선 정부의 공식 사과를 전할 수신사 파견, 일본 공사관을 보호하기 위해 일본군이 조선에 항상 머물 수 있게 할 것 등을 요청했지요. 조선은 일본의 강압에 못 이겨 이 내용이 담긴 '제물포 조약'을 맺었어요. 이로써 조선에 대한 일본의 권한이 더더욱 확대되었고, 개화파와 보수파의 갈등이 더욱 커져 갑신정변이 일어나는 계기가 되었지요.

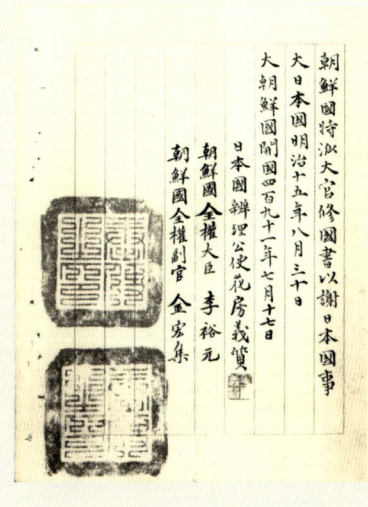

**제물포 조약 원본**
국사편찬위원회 소장.

**청나라의 조선 정치 간섭을 묘사한 풍자화**
1882년 시사만화 잡지 〈JAPAN PUNCH〉 9월호에 실린 풍자화예요. 임오군란 이후 조선의 정치와 외교 정책에 간섭하는 청나라를 풍자했어요.

# 급진 개화파는 왜 쿠데타를 일으켰나요?

임오군란 이후 청나라의 정치 간섭이 심해지자 개화파 내부에서도 갈등이 생겼어요. 청나라와 비슷한 방식으로 개화를 추진해야 한다고 생각한 온건 개화파와 달리, 몇몇 젊은 정치인들은 일본처럼 사회 전체를 개혁해야 한다고 여겼지요. 이렇게 적극적인 개화를 주장하던 김옥균, 박영효, 홍영식 등은 반대파를 제거하기 위해 쿠데타를 일으켰어요. 바로 1884년 12월 4일, 우정총국 개국 축하 파티가 열리던 날이었지요. 이 사건을 '갑신정변'이라고 불러요. 그러나 혁신적인 정부를 세우기 위하여 일으킨 갑신정변은 거사 이틀 만에 반대파와 청나라 군사의 반격을 받아 실패하고 말았어요.

**갑신정변의 주역들**
왼쪽부터 박영효, 서광범, 서재필, 김옥균이에요.
독립기념관 소장.

**서울 우정총국**
조선 말기 우편 업무를 담당하던 관청이에요.
최초로 근대식 우편 제도를 도입하여 국내외 우편 사무를 시작한 유서 깊은 곳이에요. 1884년에 설치되었으나 갑신정변의 실패로 폐쇄되었어요. 광화문우체국 소장.

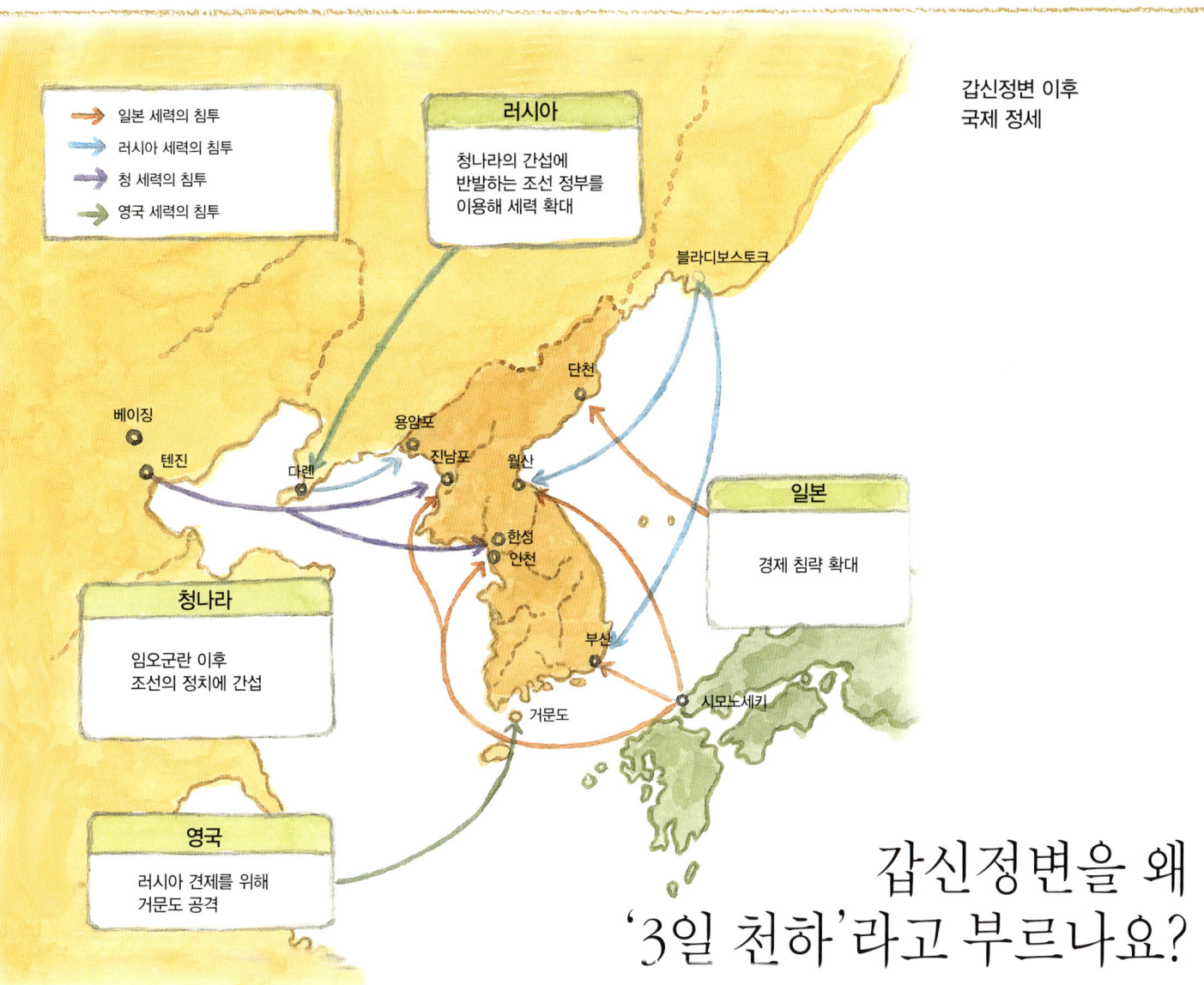

갑신정변 이후 국제 정세

## 갑신정변을 왜 '3일 천하'라고 부르나요?

쿠데타에 성공한 급진 개화파는 이튿날인 12월 5일에 새로운 정부 인사를 발표하고, 12월 6일 오전에 혁신적인 개혁안을 발표했어요. 그러나 조선에 주둔하고 있던 청군의 공격에 무너지고 말았지요. 급진 개화파들은 청군의 반격을 대비해 일본군에 도움을 요청했지만 일본이 등을 돌린 거예요. 급진 개화파들이 꿈꾸던 개혁은 3일(실제로는 26시간) 만에 끝났고 일본으로 도망치는 신세가 되었어요. 이들은 일본군에 지나치게 의존했고, 백성들의 요구를 적극적으로 반영하지 못한 한계가 있었습니다.

● **영국의 거문도 점령**

갑신정변이 일어난 지 약 여섯 달이 지났을 때, 영국 군함 3척이 남해의 작은 섬 거문도를 불법으로 점령했어요. 당시 영국은 '해가 지지 않는 나라'로 불리며 세계에서 가장 강력한 군사력을 자랑했지요. 그런 영국에 맞서고 있던 나라가 바로 러시아였어요. 당시 조선은 임오군란 이후 청나라의 간섭이 점점 심해지자 러시아와 몰래 접촉하여 조선을 보호해 주길 희망했어요. 그러자 영국이 러시아의 조선 진출을 막기 위해서 거문도를 점령해 시위를 벌인 거예요.

## 조선은 왜 쌀 수출을 금지했나요?

강화도 조약 이후 많은 일본 상인들이 조선으로 건너와 쌀을 구입했어요. 당시 일본은 농업보다 공업에 치중해서 쌀 생산량이 많지 않았고, 조선 쌀이 일본 쌀보다 저렴해서 인기가 많았지요. 하지만 그로 인해 조선에 쌀이 부족해져 많은 문제가 생겼어요. 결국 조선은 쌀 수출을 금지하는 명령을 내렸지요.

**군산항의 모습이 인쇄된 우편엽서**
조선 총독부에서 발행한 우편엽서 앞면에 군산항에 쌓인 쌀가마니를 촬영한 흑백 사진이 인쇄되어 있어요. 하단에 쌀은 조선의 중요한 물산으로 1년에 약 1,500만 석이 생산되며 그중 상당량이 군산항을 통해 수출된다는 내용이 적혀 있어요.
국립민속박물관 소장.

## 농민들은 왜 동학 농민 운동을 일으켰나요?

동학은 최제우가 서학(천주교)에 반대하며 만든 종교예요. 전국의 많은 농민들이 인간 평등과 사회 개혁을 주장하는 동학을 받아들이면서 전국적인 조직으로 성장했지요. 그런데 전라도 고부 지방의 군수였던 조병갑의 횡포가 날로 심해지자 동학 지도자 전봉준이 농민들과 함께 관청을 점령했어요. 정부는 농민들을 역적으로 몰아 처벌하려고 했지요. 하지만 농민들은 동학의 조직망을 이용해 정부에 맞서 싸웠고 결국 승리했어요.

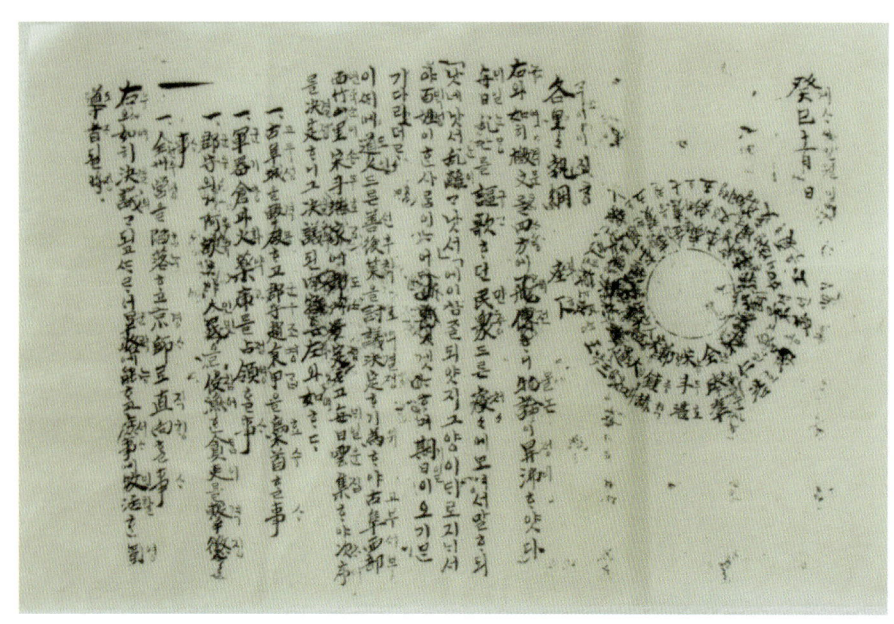

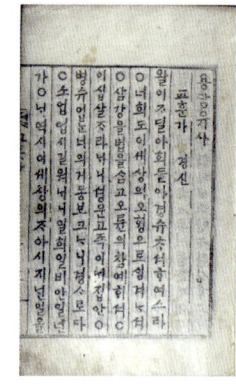

**《용담유사》**
동학 교조 최제우가 새로운 사상의 교훈을 펴려고 1863년에 완성한 천도교 포교용 가사집이에요. 서양 세력에 대항하는 정신으로 동학을 일으키자는 내용이 담겨 있어요.
ⓒ 한국학중앙연구원

**사발통문**
1893년 11월, 전봉준을 비롯한 지도자 20여 명이 봉기 계획을 세우고 그 내용을 널리 알리기 위해 작성한 문서예요. 동학농민혁명기념재단 소장.

# 동학 농민군은 왜 일본군에 패했나요?

정부군에 승리한 동학 농민군은 전라북도의 가장 큰 도시인 전주성까지 점령했어요. 정부는 탐관오리를 조사해 처벌할 것, 잡다한 세금을 폐지할 것, 노비 문서를 소각할 것 등 동학 농민군의 요구를 들어줄 수밖에 없었지요. 그런데 이 사건을 빌미로 일본이 군대를 파견해 경복궁을 점령한 뒤 청일 전쟁을 일으켰어요. 동학 농민군은 일본을 몰아내기 위해 다시 한번 군대를 일으켰지요. 이때 동학 농민군은 약 20만 명에 달했고 일본군은 고작 2천여 명이었지만, 최신식 기관총으로 무장한 일본군에게 패하고 말았어요. 동학 농민 운동의 저항 정신은 뒷날 항일 의병 투쟁과 3·1 운동으로 이어졌어요.

**동학 농민군이 사용한 무기**
동학 농민군은 초창기에는 몽둥이와 죽창, 농기구 등을 가지고 전투에 나섰어요. 사진은 동학 운동 당시 고부 지역에서 활약한 나동환이 쓰던 칼이에요. 독립기념관 소장.

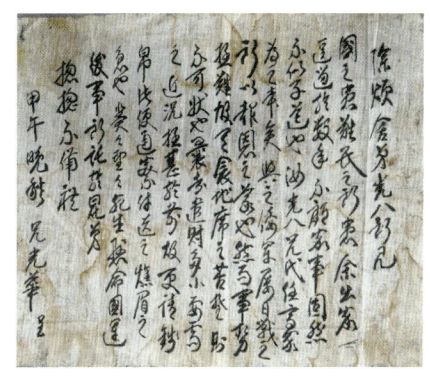

**동학 농민군의 편지**
동학 농민군 유광화가 1894년 11월경 동생에게 보낸 편지예요. 유광화는 양반 출신으로 지도부로 활동하며 군사 물자를 대어 주고 화순 전투 등에 참여했지요. 이 편지를 통해 일본군에 맞서 싸운 동학 농민군의 의지를 엿볼 수 있으며, 농민뿐 아니라 양반층도 동학 농민 운동에 참가한 사실을 알 수 있어요. 동학농민혁명기념재단 소장.

**정읍 황토현 전적에 세워진 전봉준 동상**
정읍 황토현은 동학 농민군이 관군을 크게 물리친 격전지예요. 황토현 전투를 승리로 이끈 농민군은 그 기세를 몰아 전주까지 장악했고, 동학 농민 운동을 크게 확대시키는 계기가 되었지요. 그러나 공주 우금치 전투에서 관군과 일본군에게 패해 전봉준 장군이 체포되면서 동학 농민 운동은 막을 내렸어요. 전북 정읍시 소장.

# 신분 제도는 언제 사라졌나요?

부모의 신분을 따르는 신분 제도는 고조선 때부터 계속 이어져 왔어요. 신분 제도가 공식적으로 폐지된 것은 1894년 갑오개혁 때예요. 동학 농민 운동을 계기로 사회 개혁을 요구하는 목소리가 높아졌기 때문이지요. 그 결과 정부 관료들이 적극적으로 개혁을 추진했고, 마침내 신분제가 폐지되었어요. 또한 과거제도 폐지되어 신분에 상관없이 관리로 일할 수 있게 되었어요.

● **갑오개혁**
동학 농민 운동 이후에 정부 관료들이 문제가 많은 옛 제도를 개선하기 위해 적극적으로 노력했어요. 일본이 간섭하는 문제점도 있었지만, 낡은 문물을 근대식으로 고치는 계기가 되었어요.

조선 시대의 신분을 나타내는 노비 문서
ⓒ 한국학중앙연구원, 김형수

# 청나라는 왜 동아시아의 패권을 빼앗겼나요?

청나라와 일본은 '동학 농민군 진압'이라는 명분을 내세워 조선에 군대를 파견했어요. 청나라와 일본이 조선의 지배권을 놓고 한반도에서 전쟁을 벌인 셈이지요(청일 전쟁). 그런데 동아시아의 전통 강국인 청나라와 새롭게 떠오른 강자 일본의 대결은 의외로 싱겁게 끝났어요. 두 나라는 육지와 바다에서 여러 차례 싸웠는데, 일본이 매번 압도적으로 승리했어요. 청나라를 물리친 일본은 동아시아의 패권을 거머쥐었고, 조선에 대한 영향력도 한층 커졌어요.

**만리창에 상륙한 일본군**
청일 전쟁 때 만리창에 상륙한 일본군의 모습이에요. 만리창은 현재 서울 용산 지역에 있던 군수품 창고예요. 당시 이곳이 전략적 요충지였기 때문에 수많은 외국 부대들이 머무르곤 했어요. 서울역사박물관 소장.

# 일본은 왜 조선의 왕비를 죽였나요?

청일 전쟁에서 승리한 일본은 청나라의 랴오둥반도를 차지하게 되었어요. 만주 진출을 꾀하던 러시아는 일본 세력이 점점 커지자 위기를 느껴 랴오둥반도를 중국에 돌려주라고 압박했지요. 당시 외교에서 중요한 역할을 하고 있던 명성 황후는 이러한 국제 정세를 파악하고, 일본의 속박에서 벗어나기 위해 러시아와 손잡을 계획을 세웠지요. 그러자 일본은 이를 막기 위해 1895년 10월에 자객을 보내 왕비를 죽이고 불에 태우는 야만적인 행동을 저질렀어요(을미사변).

**명성 황후 시해**
(상상도)

**명성 황후가 시해된 옥호루**
서울 경복궁의 옥호루 전경이 담긴 흑백 사진엽서예요. 하단에 '왕비살난루(王妃殺難樓, 여왕이 암살된 장소)'라고 인쇄되어 있어요. 국립민속박물관 소장.

**명성 황후 장례식**
1897년 명성 황후의 국장 행렬 모습이 담긴 우편엽서예요. 프랑스인 샤를 알레베크가 촬영하여 프랑스에서 인쇄하였어요. 국립민속박물관 소장.

● **단발령 시행**
명성 황후가 시해된 뒤, 1985년 11월에 을미개혁이 단행되었어요. 일본이 고종을 위협해 시작된 개혁으로, 친일파가 중심이 되어 양력 사용, 단발령 시행, 양복 착용 등 근대 문물 수용을 강요했지요. 그러나 단발령은 양반과 백성들의 거센 항의에 부딪혔어요. 상투는 한낱 머리카락이 아니라 부모에게 물려받은 신체의 일부이자 조선의 문화를 대표하는 상징물로 여겼기 때문이에요.

## 고종은 왜 러시아 공사관으로 탈출했나요?

고종은 궁궐에서 일본군에 포위된 채 위태로운 나날을 보냈어요. 자신도 언제든 일본군 자객 손에 죽을 수 있었으니까요. 그래서 고종은 후궁들의 도움을 받아 궁궐을 탈출할 계획을 세웠어요. 그리고 단발령 때문에 전국 각지에서 의병이 들고일어나자 일본군의 경계가 느슨해진 틈을 타 러시아 공사관으로 탈출했어요.

**고종의 길**
고종이 러시아 공사관에 머물 당시 경운궁(덕수궁)을 오갈 때 사용했다고 해요. 덕수궁 돌담길에서 정동 공원과 옛 러시아 공사관까지 이어지는 총 120미터의 길이에요.

● **아관 파천(俄館播遷)**
1896년 2월 11일부터 1년간 고종과 세자가 러시아 공사관으로 피신한 사건을 말해요. 일본의 위협에서 벗어나고자 하는 필사적인 노력이 성공을 거둔 셈이었어요. 이로 인해 친일 세력이 쫓겨나고 조선을 차지하려는 일본의 욕심은 이루어지지 못했어요.

**옛 러시아 공사관**
문화재청 소장.

## 조선은 왜 대한 제국이 되었나요?

러시아 공사관에서 생활한 지 꼭 1년이 되었을 때, 고종은 궁궐로 돌아가기로 했어요. 어지러운 분위기를 새롭게 바꾸기 위해 나라 이름도 '대한'으로 바꿨어요. 과거에 우리나라를 '삼한'이라고도 불렀는데, 삼한을 아우르는 큰 나라라는 의미지요. 우리에게 익숙한 '대한'이라는 이름은 이때부터 사용되었어요.

**대한 제국 초대 황제인 고종의 초상화**
원유관 대신 통천관을 쓰고 강사포를 입은 것으로 보아 황제로 등극한 이후에 그려진 초상임을 알 수 있어요. 초상화의 배경에 휘장이 드리워진 것은 매우 이례적이며 얼굴과 의복 등을 강한 명암을 통해 사실적으로 묘사한 것도 이전의 초상화 제작 방식과 크게 달라요. 국립고궁박물관 소장.

# 고종은 황제가 되기 위해 무엇을 했나요?

예전에는 중국 최고 통치자만 황제라고 불리며, 하늘의 아들로서 제사를 지냈어요. 고종은 중국의 간섭에서 자유로워지자 중국 황제와 대등한 모습을 보이고 싶어 했지요. 그래서 중국 황제와 똑같이 환구단을 만들어 하늘에 제사를 지내고, '대한국 국제'라는 헌법을 만들어 황제국의 면모를 널리 알리려고 애썼어요.

**경운궁 현판**
현재 덕수궁의 옛 이름인 경운궁의 현판으로, 글씨는 고종 황제가 친히 쓴 어필이에요. '경사스러운 운수가 가득한 궁'이라는 뜻이지요. 고종은 1897년 2월에 러시아 공사관에서 경운궁으로 환궁하여 대한 제국이 황제국임을 선포하였어요.
국립고궁박물관 소장.

**대한 제국의 의장기 중 하나인 운학기**
바탕에 상서로운 새인 학과 구름 문양을 장식하고 화염각과 표대를 갖춘 삼각형 깃발이에요.
국립고궁박물관 소장.

**황궁우 사진이 인쇄된 엽서**
황궁우는 고종이 황제로 즉위하면서 하늘에 제사를 지내기 위해 만든 환구단 내에 있던 건물이에요. 이곳에서 하늘신과 태조 이성계 등의 조상신을 모셨지요. 1913년에 일제가 환구단의 몸체를 비롯해 대부분을 철거하였는데, 황궁우와 석조 대문, 석고만이 보존되어 조선 호텔 경내에 남아 있어요. 국립고궁박물관 소장.

● **고종 황제의 친서에 사용한 어새**
고종 황제가 대한 제국 시기에 사용한 어새예요. 사각형 도장틀에 거북 모양의 손잡이가 있고 비단으로 만든 끈을 달아서 전통적인 어새 형태를 갖추고 있지요. 고종 황제는 1903년에 러일 전쟁의 기운이 감돌자 이탈리아 군주에게 이 어새를 찍은 친서를 보내 전쟁이 발발할 경우 대한 제국은 중립을 지킬 것이며, 이탈리아도 대한 제국을 지지해 줄 것을 요청했어요.

**고종 황제 어새**
국립고궁박물관 소장.

## 대한 제국은 왜 토지 측량에 힘을 쏟았나요?

열강의 위협에 흔들리지 않으려면 나라를 부유하게 만들고 군사력을 키워야 했어요. 그러기 위해선 많은 자금이 필요했지요. 대한 제국 정부는 이 자금을 확보하기 위해 세금을 더 많이 거둘 방법을 고심했어요. 당시 조선은 농업이 중심이었기 때문에 대부분의 세금이 토지에서 걷혔어요. 그래서 정부는 토지를 정확하게 측량해 토지 소유자에게 증명서를 제공했어요. 이로써 토지 소유자의 권리를 더욱 분명하게 보장하는 한편 세금도 늘릴 수 있었지요.

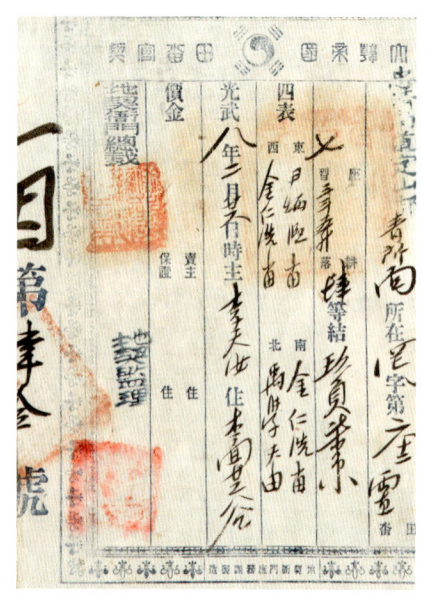

**대한 제국 전답 관계 문서**
1903년에 발행된 '대한 제국 전답 관계(토지 관련)' 문서예요. 앞면에는 토지 소재지와 면적, 날짜, 주인의 이름 등이 적혀 있어요. 뒷면에는 이 문서를 발급할 때 주의해야 할 8개의 규칙이 자세히 기록되어 있지요. 국립중앙박물관 소장.

## 대한 제국을 대표하는 근대 회사는 무엇인가요?

고종 황제는 서양처럼 상공업을 발전시켜 나라의 경제를 튼튼하게 만들려고 애썼어요. 그래서 상공업 발전에 꼭 필요한 회사를 많이 세워 국가 발전의 토대를 마련하고자 했지요. 대한 제국 최초의 근대 회사는 1883년에 평안도 상인들이 자금을 모아 만든 '대동상회'라는 유통 회사였어요. 이 외에도 옷과 담배를 만드는 제조업체, 운수업체, 은행 등 다양한 회사가 세워졌어요.

**1909년에 새로 지은 대한천일은행 본점**
대한천일은행은 우리 민족이 만든 최초의 근대적 금융 기관이에요. 1876년에 강화도 조약이 체결된 이후 일본 금융업계의 진출이 점점 늘어나자, 지배층과 실업가들은 민족 자본으로 은행을 설립하여 경제 파탄의 돌파구를 마련하고자 했어요. 우리은행 은행사박물관 소장.

# 신식 학교는 언제부터 만들어졌나요?

개화 정책을 성공적으로 추진하려면 이를 이끌어 갈 훌륭한 인재를 키워야 했어요. 그래서 갑오개혁을 실시할 때 '소학교령'이라는 법을 발표해 현재 초등학교와 중학교에 해당하는 학교를 세우기 시작했지요. 이때부터 어린이들은 서당 대신 오늘날과 같은 신식 학교에서 서구식 교육을 받게 되었어요.

**일제 강점기의 교동공립보통학교**
일제 강점기 당시 교동공립보통학교의 정문과 본관 건물을 촬영한 사진엽서예요. 교동공립보통학교는 1894년에 관립교동왕실학교로 개교했어요. 1910년에 교동공립보통학교로 이름을 바꾸었지요.
서울역사박물관 소장.

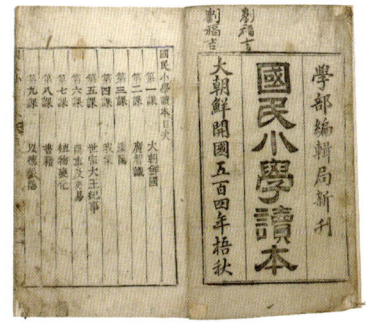

**《국민소학독본》**
대한 제국의 교육 관청인 학부(學部)에서 간행한 우리나라 최초의 근대식 교과서예요. '대조선국', '아메리카 발견' 등 조선의 전통문물과 세계 각국의 역사와 풍물을 고루 수록했어요. 이를 통해 선진 문물의 도입과 자주독립의 중요성을 국민들에게 교육시키려 했지요. 그러나 1910년 11월, 일제에 의해 발매가 금지되었어요.
국립고궁박물관 소장.

지금의 초등학교에 해당하는 소학교의 수업 모습

# 우리나라 최초의 국비 유학생은 누구인가요?

개화파였던 유길준은 고종이 파견한 조사 시찰단의 일원으로 일본에 가 1년간 유학 생활을 했어요. 이후 조선이 미국과 외교를 맺은 후 미국으로 친선 사절단을 파견했을 때도 거기에 포함되었지요. 유길준은 미국의 더머 아카데미에 입학해 대학 진학을 준비했어요. 그러니까 유길준은 우리나라 최초의 국비 유학생이었던 셈이에요. 그러나 갑신정변 때문에 유학비가 끊겨 귀국할 수밖에 없었어요. 그는 귀국길에 유럽을 둘러보았는데, 유학 생활과 유럽 여행에 대한 기록을 담아 《서유견문》을 펴냈어요.

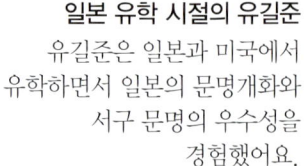

**일본 유학 시절의 유길준**
유길준은 일본과 미국에서 유학하면서 일본의 문명개화와 서구 문명의 우수성을 경험했어요.

**《서유견문》**
우리나라 최초로 국한문체로 쓰인 서양 기행문이에요. 개화사상이 퍼져 나가는 데 영향을 끼쳤고, 갑오개혁의 사상적 배경이 되었지요. 책과인쇄박물관 소장.

# 대한 제국이 도입한 신문물에는 어떤 것이 있나요?

이 시기에 서양의 새로운 문물이 본격적으로 들어왔어요. 양복, 양옥, 양식 등 '양(洋)' 자가 들어간 물건들이 나라 안을 가득 채웠지요. 또 막 발명된 영화가 대한 제국에 수입되어 상영되기도 했어요. 그리고 신문물 중 빼놓을 수 없는 것이 바로 커피예요. 커피차를 한자식으로 나타낸 '가배차'로 불렀고, 고종 황제를 비롯해 많은 사람들이 즐겨 마셨어요.

**양복 차림의 영친왕**
대한 제국의 마지막 황태자인 영친왕이 1929년에 찍은 사진이에요. 서양식 의복인 양복을 차려입었어요. 국립고궁박물관 소장.

덕수궁 석조전
석조전은 덕수궁 안에 있는 궁전 중 하나로, 1910년에 완성된 근대식 건물이에요. 문화재청 소장.

전무 학당의 수업 장면
전무 학당은 1900년에 설치된 우편과 전신 전문 교육 기관이에요. 당시 전보사관을 양성해 전신에 관한 지식과 기술을 보급하는 데 크게 기여했지요. 그러나 1905년 4월, 일제에게 통신 사업권을 뺏기면서 자취를 감추었어요.

# 고종 황제는 왜 전차 도입을 서둘렀나요?

전차는 당시 대한 제국을 방문했던 외국 사람들조차 놀랄 정도로 도입 시기가 빨랐어요. 일본의 수도였던 도쿄보다 무려 4년이나 앞섰지요. 고종 황제는 폭풍 속에서도 달릴 수 있는 전차를 매우 빠르고 편리한 개화의 상징으로 여겼어요. 그리고 전차 노선을 명성 황후의 무덤이 있는 홍릉까지 연결해 자주 방문하고 싶어 했지요.

동대문을 통과하는 전차
동대문(흥인지문) 안쪽의 거리를 찍은 사진엽서예요. 왼쪽 상단에 '경성 명소 유람 기념' 도장이 찍혀 있어요. 전차에 안전 장치인 그물망이 달려 있는 것을 볼 수 있어요. 소달구지가 지나는 쪽으로 휘어진 전차 선로는 전차 차고로 들어가는 입구예요.
서울역사박물관 소장.

## 대한 제국에 국민의 의견을 대표하는 의회가 있었나요?

갑신정변 실패 이후 미국에서 머물던 서재필은 귀국해서 독립 협회를 만들었어요. 조선이 대한 제국으로 바뀐 후 황제가 권력을 독차지하자, 독립 협회는 정부에 적극적으로 협조하면서도 정부 관료와 독립 협회 회원이 절반씩 임명된 의회를 제안했지요. 특히 만민 공동회를 통해 6개의 개혁안(헌의 6조)을 만들어 제시했는데, 외국과 조약을 맺을 때 정부의 최고 관료 및 의회 대표와 함께 결정할 것, 고위 관리를 임명할 때 정부에 뜻을 물어 과반수의 동의를 얻을 것 등 입헌 군주제를 지향하고자 했어요. 독립 협회의 구상은 거의 받아들여졌지만, 황제를 폐위하려고 한다는 오해가 생겨 정부가 독립 협회를 탄압하면서 결국 실패하고 말았어요.

**독립문**
독립 협회는 우리나라의 자주독립을 선언하기 위해 국민의 헌금을 모아 영은문을 헐고 그 자리에 독립문을 세웠어요. 1898년에 완공하였고 1979년에 지금의 위치인 서대문구 현저동으로 옮겨졌지요.
문화재청 소장.

**서재필 사진**
독립기념관 소장.

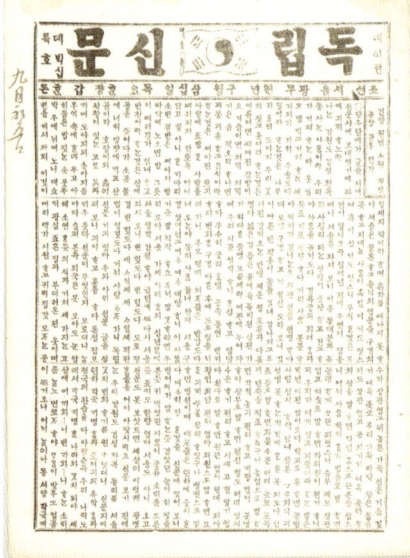

**〈독립신문〉**
독립운동가 서재필이 정부의 자금을 지원받아 1896년에 창간한 우리나라 최초의 민간 신문이에요. 한국 최초의 근대 신문인 〈한성순보〉가 한문으로만 기사를 썼던 데 반해 〈독립신문〉은 순 한글 신문으로 영자판과 함께 발간하여 신문의 중요성을 널리 인식시켰지요. 이후 여러 민간 신문이 창간되는 계기가 되었어요.
국립민속박물관 소장.

# 만민 공동회는 어떤 모임이었나요?

만민 공동회는 독립 협회가 개최한 대중 집회였어요. 1898년 3월부터 연말까지 수많은 백성들이 서울 종로에 모여 외세의 간섭, 의회 설립, 독립 협회 탄압 중지 등에 관한 문제를 논의했어요. 이 모임에서는 신분과 상관없이 양반부터 천민에 이르기까지 모든 사람이 자신의 의견을 내놓았지요. 하지만 독립 협회 내의 강경파가 목소리를 높이면서 정부와 갈등이 생겨 결국 만민 공동회는 강제로 해산되고 말았어요.

**만민 공동회**
1898년에 독립 협회 주최로 서울 종로 네거리에서 열린 민중 대회예요. 외세 배격, 언론과 집회의 자유, 민족주의와 민주주의 운동을 주장했어요.

**러일 전쟁 발발**
1904년 1월 7일, 이탈리아에서 발행한 〈L'ILLUSTRAZIONE〉에 실린 삽화예요. 러일 전쟁을 계기로 군대가 덕수궁 대안문을 통과하는 광경을 묘사한 거예요. 국립고궁박물관 소장.

# 대한 제국은 왜 중립국이 되려고 했나요?

당시 한반도는 외세의 위협에 시달리고 있었어요. 세계 곳곳에서 대립하던 영국과 러시아가 한반도에서도 힘 겨루기를 했고, 청일 전쟁 이후에는 러시아와 일본이 대한 제국을 차지하기 위해 호시탐탐 기회를 엿보고 있었지요. 외세의 침략을 막기 위해서는 대한 제국을 중립국으로 선언해 전쟁을 피해야 했어요. 그래서 대한 제국 정부는 러일 전쟁이 일어나기 전에 우리나라가 중립국임을 선언했지만, 일본은 이를 무시해 버렸지요.

## 러일 전쟁은 대한 제국에 어떤 영향을 주었나요?

대한 제국을 탐내던 일본은 러시아에 전쟁을 선포했어요. 많은 이들이 러시아가 쉽게 이길 거라고 예상했지만, 일본은 영국의 지원을 받아 곳곳에서 승리를 거두었지요. 러시아는 굳게 믿었던 해군 함대마저 일본에 패하고 국내 사정도 어려워지자 더는 전쟁을 계속할 수 없었어요. 결국 미국의 중재로 휴전하게 된 러시아는 이후 대한 제국에서 완전히 물러났어요. 반면 일본은 우리나라에 대한 지배권을 인정받고, 중국 만주에도 영향력을 미치며 대륙 침략의 발판을 마련했어요.

**서울을 활보하는 일본군**
1904년 5월 12일, 미국 주간지 〈Harper's Weekly〉에 실린 사진이에요. 1904년 2월에 러일 전쟁이 일어나자 일본군은 이를 핑계로 서울 수도에 들어와 제멋대로 거리를 활보했어요.
국립고궁박물관 소장.

**가쓰라-태프트 밀약 문서**
1905년 7월 29일에 일본의 내각 총리대신 가쓰라 다로와 미국의 육군 장관 윌리엄 태프트가 맺은 비밀 협약 문서예요. 일본과 미국은 이 밀약을 통해 각각 한반도와 필리핀에 대한 지배권을 인정받았어요.
대한민국역사박물관 소장.

## 미국은 왜 대한 제국을 돕지 않았나요?

고종 황제는 대한 제국의 주권을 지키기 위해 미국의 지원을 간절히 바랐어요. 그래서 미국의 외교관에게 가장 좋은 금광을 개발할 수 있는 권리를 주었지요. 하지만 러일 전쟁이 일본에게 유리해지자 미국은 일본의 편에 섰어요. 미국의 육군 장관 윌리엄 태프트는 일본 총리 가쓰라 다로와 비밀 협상을 맺어, 대한 제국에 대한 통치권을 인정해 주고 대신 미국의 필리핀 통치권을 인정받았지요.

# 일본은 어떻게 대한 제국의 외교권을 빼앗았나요?

덕수궁 중명전에 전시된 을사늑약 문서

을사늑약이 체결된 덕수궁 중명전
문화재청 소장.

러일 전쟁에서 승리한 일본은 가장 먼저 대한 제국의 외교권을 강제로 빼앗았어요(을사늑약). 힘센 나라가 대한 제국을 도울까 봐 두려웠던 것이지요. 그리고 대한 제국 정부의 각 부서에 일본인 관리를 임명해 자신들에게 유리한 정책을 만들었어요. 그중에서 일본이 가장 공을 들인 것은 대한 제국의 군대를 해산시키고, 재판권과 경찰력을 장악하는 일이었어요. 그렇게 대한 제국의 마지막 권리인 주권만이 남게 되었지요.

# 고종 황제는 왜 헤이그에 비밀 특사를 보냈나요?

고종 황제는 을사늑약을 끝까지 받아들이지 않았어요. 그래서 당시 네덜란드 헤이그에서 열린 제2회 만국 평화 회의에 이상설, 이준, 이위종을 특사로 파견해 을사늑약이 무효라는 것을 전 세계에 알리려고 했지요. 하지만 대한 제국은 일본의 보호국이라고 주장하는 일본의 방해 때문에 특사들은 결국 만국 평화 회의에 참석하지 못했어요. 이준 열사는 너무 억울한 나머지 병을 얻어 그곳에서 순국했지요. 1907년 7월 20일, 일본은 고종 황제에게 특사 파견에 대한 책임을 물으며 황제 자리에서 강제로 물러나게 했어요.

**이준 유묵 인쇄 족자**
이준의 영정 사진, 고종의 밀서, 헤이그 특사로 파견되기 전에 쓴 친필 시 등이 인쇄된 족자예요.
대한민국역사박물관 소장.

## 일진회는 왜 일본과 한 나라가 되어야 한다고 했나요?

일진회는 대한 제국 시기에 가장 많은 회원을 둔 친일 단체예요. 처음에는 일본처럼 의회 제도를 도입해 국민의 의견을 반영해야 한다고 주장했지요. 하지만 이들은 일본이 노골적으로 대한 제국을 차지하려 들자, 일본을 도와주면 새 나라에서 중요한 관직에 오를 수 있을 거라 여겼지요. 그래서 대한 제국은 일본과 한 나라가 되어야 한다고 주장하기까지 했어요. 하지만 대한 제국의 국권을 넘겨주는 데 앞장선 일진회는 일본에게 보상은커녕 철저히 버림받았어요.

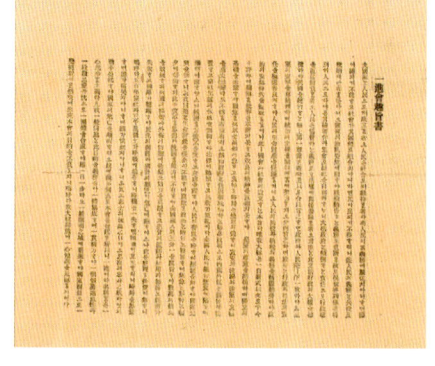

**일진회 취지서**
일진회는 설립 초기 취지서에 황실 존중, 국민 보호, 정치 개선 등을 지향한다고 밝혔어요. 하지만 이후 정치 권력을 차지하기 위해 일제의 대한 제국 침략 정책에 적극 협력하였어요.
국립중앙박물관 소장.

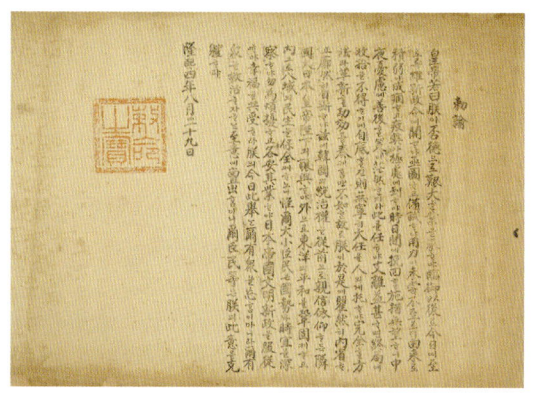

**순종 황제 칙유**
1910년 8월 29일에 순종 황제가 직접 작성한 포고문으로 알려져 있어요. 하지만 왼쪽 상단에 국새가 아닌 어새 '勅命之寶'가 찍혀 있고 황제의 서명도 없어서 날조된 것으로 추측해요. 황제가 덕이 없어 일본 황제에게 통치권을 넘기니, 일본의 정치에 따르라는 내용이 담겨 있어요.
대한민국역사박물관 소장.

## 일본이 대한 제국의 주권을 빼앗은 것은 불법인가요?

1910년 8월 29일, 일본은 강제로 한일 병합 조약을 맺어 대한 제국의 주권을 빼앗았어요. 이날을 '경술국치'라고 부르기도 해요. '1910년에 겪은 국가의 치욕'이라는 의미지요. 일본의 대한 제국 합병은 군사력을 동원한 불법 행위였어요. 그러나 일본은 다른 나라들의 비판을 피하기 위해 일본과 대한 제국이 서로 합의하여 외교 조약을 맺은 것처럼 꾸미려고 했지요. 그러나 조약 성립의 가장 중요한 절차가 불법, 강제, 날조로 이루어져서 오늘날에도 문제가 되고 있어요.

**창덕궁 대조전에 있는 흥복헌**
1910년 8월 22일, 이곳에서 한일 병합 조약을 찬성하는 마지막 어전 회의가 열렸어요. 현재 건물은 1917년 화재로 없어진 것을 1920년에 다시 지은 거예요.

# 대한 제국 사람들은 왜 철도를 파괴하려고 했나요?

일본은 러일 전쟁 때 군사적 목적으로 한반도를 관통하는 철도인 경부선(서울-부산)과 경의선(서울-의주)을 건설했어요. 하지만 그로 인해 철도 주변 지역의 주민들은 땅과 집을 빼앗겼고, 철도 공사 노동자로 끌려가 살인적인 노동을 강요당했지요. 그래서 철도 건설에 반대하는 사람들은 철도를 공격하고 열차 운행을 방해하는 등 저항 운동을 펼쳤어요.

**철도 건설에 강제로 동원된 사람들**
일본은 군대를 동원하여 철도 인근 주민들을 강제로 끌고 가 값싼 임금을 주면서 노동력을 착취했어요.

# 대한 제국 사람들은 왜 나라의 빚을 대신 갚으려고 했나요?

일본은 군대뿐 아니라 빚 폭탄으로 대한 제국을 위협했어요. 대한 제국 1년 예산에 맞먹는 엄청난 돈을 외국에서 차관으로 빌려와 그 돈으로 대한 제국의 재정과 금융을 장악하는 데 사용했지요. 그러자 대구에서 일본이 이 돈을 빌미로 국내 정치에 간섭하는 것을 막기 위해 '국채 보상 운동'이 시작되었어요. 신문들은 이 소식을 일제히 보도했고, 우리 국민들은 담배를 끊고 비녀, 가락지 등을 팔면서 적극적으로 동참했어요.

**국채 보상 영수증**
1907년 4월 10일, 전국적으로 전개된 국채 보상 운동 당시 국채 보상회 지부에서 발행한 영수증이에요. 하지만 국채 보상 운동은 일제의 방해로 뜻을 이루지 못했어요. 국립중앙박물관 소장.

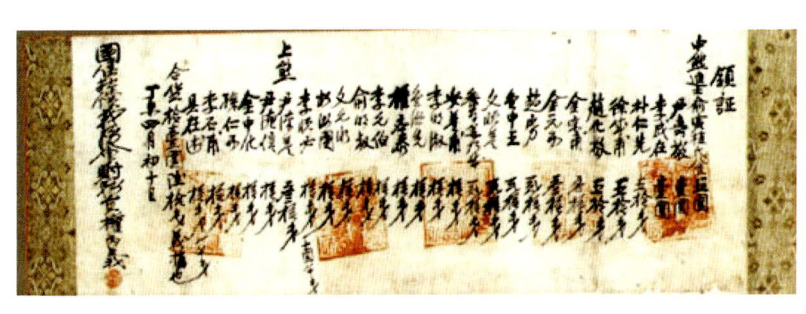

## 가장 인기가 많은 신문은 무엇이었나요?

최초의 신문인 〈한성순보〉가 발간된 이후, 순 한글 신문인 〈독립신문〉을 비롯해 다양한 신문이 창간되었어요. 그중에서 가장 인기가 많은 신문은 독립운동가 양기탁과 영국인 기자 베델이 함께 발간한 〈대한매일신보〉였지요. 〈대한매일신보〉는 일본의 대한 제국 침략 행위에 반대하는 목소리를 높였어요. 의병 투쟁에 호의적이었고 국채 보상 운동 확산에도 큰 역할을 하여 독자들의 많은 지지를 받았어요.

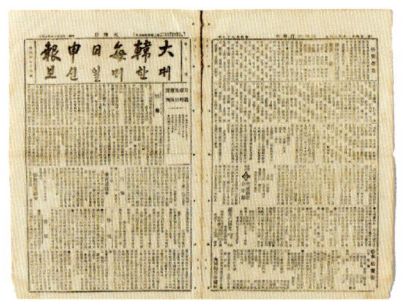

**〈대한매일신보〉**
〈대한매일신보〉는 우리 국민의 항일 정신을 드높여 준 신문이에요. 그러나 1910년에 국권을 뺏기면서 일본 통감부에 넘어가 〈매일신보〉로 이름이 바뀌어 총독부의 기관지 역할을 하고 말았어요. 국립중앙박물관 소장.

**항일 언론 활동에 앞장선 어니스트 베델**
베델은 〈대한매일신보〉에 일본의 황무지 개간권 요구에 반대하는 글을 쓰고, 영국 신문 〈London Tribune〉에 전달된 고종의 밀서 사진을 크게 실어 을사늑약이 불법이라는 것을 폭로했어요.

**도산 안창호 사진**
1907년, 안창호는 일본에 빼앗긴 국권을 되찾기 위해 양기탁, 이동녕, 이갑 등과 함께 항일 비밀 결사 단체인 신민회를 조직했어요. 대성 학교, 오산 학교를 세우고 〈대한매일신보〉를 발행하는 등 꾸준히 항일 활동을 벌였지요. 3·1 운동 이후에는 상해 임시 정부의 내무 총장이 되어 독립운동을 계속 이어 나갔어요. 독립기념관 소장.

## 신민회가 꿈꾼 나라는 어떤 모습이었나요?

을사늑약 이후 지식인들은 여러 단체를 만들어 국가의 위기를 널리 알리고 대비책을 마련하려고 했어요. 교육과 언론의 역할을 강조하는 단체가 많았는데, 한 단계 더 나아가 국가 멸망을 대비해 해외에 독립운동 기지를 건설하는 계획을 세운 단체가 신민회였지요. 신민회는 고종 황제가 강제로 퇴위된 후 나라의 위기를 극복하고 더욱 발전하려면 황제의 국가가 아니라 국민이 다스리는 나라를 만들어야 한다고 주장했어요.

● **의병 부대의 저항**

명성 황후 시해와 단발령 이후 잠잠하던 의병 부대는 일본이 대한 제국의 외교권을 빼앗고 군대를 해산하자 다시금 거세게 일어났어요. 의병 투쟁은 전국적으로 확산되었고, 의병 연합 부대(13도 창의군)까지 만들어져 일본과 친일파가 장악한 서울을 공격해 탈환할 계획을 세웠지요. 그러나 양반 출신 의병장들이 평민 출신 의병장들을 제외시키는 등 내부 분열이 일어났고, 일본군의 선제공격을 받으면서 결국 실패하고 말았어요.

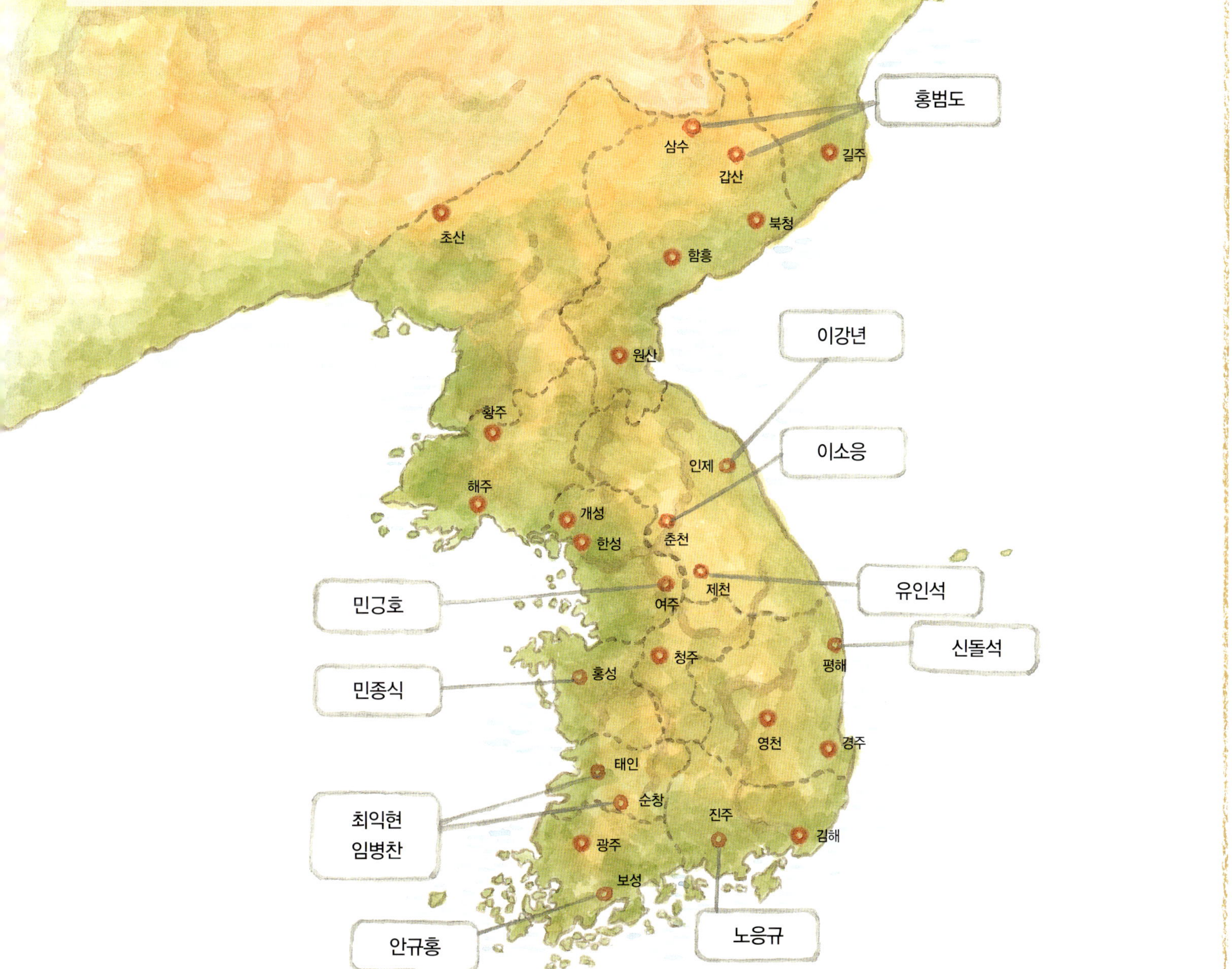

**항일 의병 운동 지도**
나라를 되찾기 위한 항일 의병 운동이 전국적으로 일어났어요. 그러나 일본의 대대적인 탄압으로 국내 활동이 어려워지자 만주와 연해주로 건너가 항일 투쟁을 이어 갔어요.

**시위대 해산병 진압**
1907년 군대 해산 당시 일본군에게 체포된 시위대 해산병들의 모습이에요.
서울역사박물관 소장.

# 안중근은 왜 이토 히로부미를 죽였나요?

1909년 10월 26일 아침 9시 정각, 중국의 하얼빈 역에서 여섯 발의 총성이 울려 퍼졌어요. 안중근 의사가 일본 정치인 이토 히로부미를 사살한 것이었지요. 이토는 겉으로는 동양 평화를 외치면서 실제로는 대한 제국을 빼앗는 데 앞장섰어요. 그래서 안중근 의사는 '의병 참모 중장'의 이름으로 이토를 저격했고, 그 자리에서 체포되었지요. 이 의거는 대한 제국과 중국 국민들에게 큰 감명을 주었습니다.

**뤼순 감옥에 수감된 안중근**
대한민국역사박물관 소장.

**이토 히로부미를 사살하는 안중근 (상상도)**

# 간도는 대한 제국의 땅인가요?

간도는 압록강 북쪽의 송화강과 토문강의 동쪽 지역으로, 현재 중국의 길림성에 위치하고 있어요. 조선 후기부터 우리나라 사람들이 이곳으로 가 농사를 지었고, 그로 인해 국경 문제가 자주 불거졌지요. 대한 제국 정부는 간도 문제를 해결하기 위해 적극적으로 나섰지만 대한 제국의 외교권을 빼앗은 일본이 청나라와 멋대로 '간도 협약'을 체결해 간도에 대한 권리가 청나라에 넘어가고 말았어요.

**간도 지도**
18세기 초 조선과 청나라는 백두산정계비를 세워 서쪽으로는 압록강, 동쪽으로는 토문강을 국경으로 삼기로 했어요.

# 일본은 언제부터 독도를 탐냈나요?

독도는 신라의 장군 이사부가 울릉도를 정복한 이후 줄곧 우리 땅으로 여겨졌어요. 고려와 조선에서도 마찬가지였어요. 대한 제국 시기에는 칙령을 제정해서 우리나라가 울릉도와 독도의 영유권을 가지고 있다는 것을 분명히 했지요. 그런데 일본은 러일 전쟁을 틈타 '주인 없는 땅은 먼저 차지하는 사람이 임자'라는 논리로 독도를 일본 시마네현에 포함시켰어요. 국제법상 명백히 불법이었지요.

**해좌전도**
1800년대 중반에 제작된 우리나라의 전국 지도로, 울릉도 오른쪽에 표기되어 있는 '우산도(于山島)'가 독도예요. 두 섬에 대한 역사적·지리적 내용을 적어 우리의 영토라는 것을 분명히 보여 주고 있어요.
국립민속박물관 소장.

**독도**
독도는 천연기념물 336호로 지정된 우리나라의 소중한 영토예요. 울릉군청 제공.

# 대한 제국을 알려면 어떻게 해야 하나요?

대한 제국의 역사는 고종과 순종 시기의 사건을 기록한 《고종실록》과 《순종실록》을 비롯한 여러 역사책과 당시의 모습을 생생하게 보여 주는 각종 사진, 그리고 〈독립 신문〉과 〈대한매일신보〉 등 여러 신문을 통해서 알 수 있어요. 국립중앙박물관 등에 보관된 각종 유물이나 덕수궁과 정동 일대에 조성된 '대한 제국의 길' 등의 유적을 통해서도 대한 제국의 역사를 실감나게 느낄 수 있지요. 대한 제국의 역사는 짧았지만 남아 있는 기록이나 유물, 유적이 상당히 많아서 조금만 노력하면 대한 제국에 한 발 더 다가갈 수 있어요.

**대한 제국 3등 태극장**
1900년에 제정된 태극장은 국가에 공이 많은 문무관에게 수여한 훈장이에요. 1등부터 8등까지 있었어요.
국립중앙박물관 소장.

# 새 나라의 가능성과 한계를 함께 보여 준 대한 제국

◆ **대한 제국은 바람 앞의 등불 같은 위기 속에서 탄생했습니다**

우리가 흔히 생각하는 제국은 로마 제국처럼 주변의 여러 나라를 정복하는 강한 국가입니다. 우리 역사에서는 고구려가 이러한 제국 이미지에 걸맞지요. 하지만 대한 제국은 제국을 선포한 지 10여 년 만에 일본에게 국권을 빼앗겨 제국이라는 이름이 오히려 무색하게 느껴집니다. 조선은 왜 왕국이 아니라 제국이 되려고 했을까요?

청일 전쟁에서 승리한 일본은 조선과 청의 외교 관계를 강제로 끊었습니다. 조선을 독차지하기 위해서는 먼저 다른 나라의 지원을 차단해야 했기 때문입니다. 일본에 비해 군사력이 약했던 조선은 러시아의 지원을 받아 일본을 견제하려고 했습니다. 그러자 일본은 조선의 왕비를 살해하는 잔인한 방법까지 동원하며 이를 막으려고 했지요. 고종은 러시아 공사관으로 피신하여 일본의 위협을 막아 보려고 애썼습니다. 그로부터 1년 뒤, 궁궐로 다시 돌아온 고종은 일본과 러시아가 팽팽히 맞서던 상황을 이용해 조선의 자주독립을 지킬 계획을 세웠습니다. 바로 서양과 중국, 일본 등이 모두 택했던 황제의 나라를 선포하는 것이었습니다. 주권을 빼앗길지도 모를 절체절명의 위기 상황에서 강대국과 대등한 나라임을 공개적으로 밝혀 강대국에게 휘둘리지 않는 자주독립 국가가 되겠다는 의지를 드러낸 것이었지요.

**고종 황제와 순종**
고종 황제와 뒷날 순종이 되는 황태자가 나란히 선 모습을 촬영한 흑백 사진이에요. 국립고궁박물관 소장.

### ◆ 대한 제국은 부국강병을 위한 각종 개혁을 추진했습니다

대한 제국은 멸망의 위기 속에서도 서양의 강대국처럼 힘 있고 잘 사는 나라를 만들기 위해 온 힘을 기울였습니다. 고종 황제는 막대한 예산을 들여 신식 군인들을 길러 냈고, 영국과 일본에서 대포와 군함 등 신식 무기를 구입했습니다. 비록 러일 전쟁 전까지 준비할 수 있는 시간이 짧았고 일본의 방해가 심해서 큰 성과를 거두지 못했지만, 대한 제국의 처절한 노력은 잊지 말아야 할 것입니다.

강한 군사력을 갖추기 위해서는 나라의 재정이 튼튼하고 산업이 발전해야 합니다. 이 목표를 이루기 위해 대한 제국 정부가 공을 들인 것이 바로 토지 조사 사업입니다. 누가 땅을 가지고 있는지 정확히 파악해서 세금을 공정하게 부과하면 국가 재정이 튼튼해질 수 있고, 이를 토대로 산업도 발전할 것이라고 생각했습니다. 또한 서양의 물건들이 우리 시장을 점차 장악해 가는 상황에서 이를 대체할 수 있는 국산품을 만들고, 육지와 바다로 유통하는 제도를 마련하는 일도 매우 중요했습니다. 대한 제국 정부가 각종 회사와 공장을 지원하고, 해운업과 철도 사업에 적극적으로 나선 것은 바로 그런 이유 때문이었습니다. 그리고 새로운 산업 분야에 필요한 인재를 키우기 위해 학교를 세우고 교사도 양성하였습니다.

### ◆ 대한 제국 시기에 서양의 물건과 문화가 본격적으로 들어왔습니다

조선은 전통적으로 중국을 본보기로 삼아 나라를 운영했습니다. 하지만 서양과 본격적으로 교류하면서 서양식 사고 방식과 문화가 속속 들어왔습니다. 대표적으로 시간의 변화를 들 수 있습니다. 지금 우리가 사용하는 양력과 24시간 개념이 도입된 것이지요. 또한 일상 곳곳에 '양' 자가 붙은 물건들이 들어오기 시작했습니다. 양복, 양옥, 양식 등 의식주 전반에 서양의 물건이 하나씩 자리 잡기 시작했고, 하나를 서양식으로 바꾸면 그것과 어울리는 것을 찾아 다른 것이 계속 바뀌어 갔습니다. 가령 상투를 잘라서 단발을 하고

---

**대한 제국**

| | | |
|---|---|---|
| 19세기 | 1863 | 흥선 대원군이 집권하다. |
| | 1864 | 동학의 창시자 최제우가 처형되다. |
| | 1866 | 천주교를 탄압하다. 제너럴셔먼호 사건이 일어나다. 프랑스 함대가 침략하다(병인양요). |
| | 1868 | 전국의 서원을 47개만 남기고 폐쇄하다. |
| | 1871 | 미국 함대가 침략하다(신미양요). |
| | 1873 | 흥선 대원군이 물러나고, 고종이 직접 다스리다. |
| | 1875 | 일본 군함이 강화도를 침략하다(운요호 사건). |
| | 1876 | 일본과 최초의 근대 조약인 강화도 조약을 맺다. |
| | 1881 | 신식 군대인 별기군을 만들다. |
| | 1882 | 미국과 통상 조약을 맺다. 구식 군인들이 개화 정책에 불만을 품고 반란을 일으키다(임오군란). |
| | 1884 | 급진 개화파가 쿠데타를 일으키다(갑신정변). |
| | 1885 | 영국이 러시아의 남하에 맞서 거문도를 점령하다. |
| | 1889 | 황해도 관찰사가 일본으로 쌀을 수출하는 것을 금지하다(방곡령 사건). |
| | 1894 | 동학을 믿는 농민들이 사회 문제와 외세에 맞서 군대를 일으키다(동학 농민 운동). 정부가 신분제 폐지를 비롯한 각종 개혁 정책을 발표하다(갑오개혁). 동학 농민 운동을 빌미로 청과 일본이 전쟁을 벌이다(청일 전쟁). |
| | 1895 | 양력을 사용하고, 단발령이 시행되다(을미개혁). 청일 전쟁이 끝나다(시모노세키 조약). 일본이 조선의 왕비를 살해하다(을미사변). 단발령과 을미사변에 맞서 의병이 일어나다(을미의병). |
| | 1896 | 고종이 러시아 공사관으로 거처를 옮기다(아관 파천). 서재필이 〈독립신문〉을 창간하고 독립 협회를 만들다. |

양복을 입게 되면, 더 이상 갓을 쓰거나 짚신을 신을 수 없어서 서양식 모자나 구두를 선택하게 되었지요. 의식주뿐 아니라 도시의 모습도 서양식으로 변해 갔습니다. 서양의 도시를 모방해서 도로망을 만들었고, 전기를 이용한 전차가 지나가고, 가로등이 어두운 밤을 밝혔지요.

◆ **대한 제국은 무능해서 주권을 빼앗긴 것이 아닙니다**

고조선이 한나라에 멸망당한 후 두 번의 1000년이 지나고, 두 번째 조선(대한 제국)도 일본에게 주권을 잃는 치욕을 당하게 되었습니다. 그래서 우리 선조들은 이때의 아픔을 '경술년(1910년)에 당한 국가의 치욕'이라는 뜻에서 '경술국치'라고 부릅니다.
대한 제국의 멸망은 생각해 볼 것이 참 많습니다. 일본은 당시 유행했던 진화론을 들먹이며 강한 나라가 약한 나라를 빼앗는 것은 동물 세계에서도 흔하게 볼 수 있는 자연스러운 법칙이라고 주장했습니다. 일본의 주장대로라면 대한 제국은 힘이 없고 고종 황제가 무능했기 때문에 망한 것이지요. 하지만 힘이 세다고 주변 사람들에게 주먹을 휘두르는 것이 옳지 않듯, 강한 나라가 정당한 이유 없이 약한 나라의 주권을 빼앗는 것은 엄연한 폭력입니다. 그리고 대한 제국 정부와 우리 국민들이 나라를 빼앗길 때까지 아무 노력도 하지 않고 손 놓고 있었던 것은 아닙니다. 정부는 쇠약한 군사력을 깨닫고 중립국으로 인정받기 위해 외교적으로 무수히 많은 노력을 했고, 동학 농민군과 전국 각지의 의병이 목숨을 걸고 침략자들에 맞서 싸웠습니다. 대한 제국의 멸망은 우리의 약함과 무능 때문이 아니라 일본의 욕심과 폭력으로 일어난 비극입니다.

| | | 대한 제국 |
|---|---|---|
| | 1897 | 고종이 경운궁(덕수궁)으로 돌아가 대한 제국을 선포하고 황제로 즉위하다. |
| | 1898 | 고종이 독립 협회를 해산하는 명령을 내리다. 독립 협회가 만민 공동회를 열어 정부에 맞서다. 대한 제국이 토지 조사 사업을 실시하다(양전 사업). |
| | 1899 | 대한 제국의 헌법 역할을 했던 〈대한국 국제〉가 만들어지다. 서울에 전차가 개통되다. |
| 20세기 | 1900 | 한성 전기 회사가 서울에 전등을 설치하다. 서울과 인천 사이에 철도가 놓이다(경인선 개통). |
| | 1902 | 영국와 일본이 손을 잡고 러시아를 견제하다 (영일 동맹). |
| | 1904 | 러시아와 일본이 전쟁을 시작하다(러일 전쟁). |
| | 1905 | 미국의 중재로 일본과 러시아가 휴전하다(포츠머스 조약). 일본과 미국이 비밀 협상을 맺다 (가쓰라-태프트 밀약). 일본이 대한 제국의 외교권을 빼앗다(을사늑약). |
| | 1906 | 초대 통감으로 이토 히로부미가 오다. |
| | 1907 | 국채 보상 운동이 일어나다. 고종 황제가 만국 평화 회의가 열리는 헤이그에 특사를 파견하다. 고종 황제가 강제로 퇴위되고, 순종이 즉위하다. 대한 제국 군대가 해산되다 (정미 조약). 전국의 의병 부대가 연합해서 서울을 공격하다 (서울 진공 작전). |
| | 1909 | 일본이 한국의 사법권을 빼앗다 (기유각서). 안중근이 이토 히로부미를 하얼빈에서 사살하다. 일진회가 한국과 일본의 병합을 청원하다. |
| | 1910 | 대한 제국이 주권을 잃다 (한일 병합 조약). |

## ◆ 대한 제국이 남긴 유산은 대한민국으로 이어져 왔습니다

일본은 '대한'이라는 이름 대신 '조선'이라는 이름을 앞세워 조선 총독부를 만들고 한국인을 무자비하게 지배했습니다. 일본이 우리나라를 지배한 지 10년쯤 되었을 때, 1차 세계 대전이 끝나고 강대국의 지배를 받던 나라들도 독립을 꿈꿀 수 있는 새로운 희망이 생겼습니다. 10년 동안 일본은 총칼을 앞세워 우리의 독립 의지를 꺾으려 했지만, 이는 불가능한 일이었습니다. 고종 황제의 장례식을 계기로 대규모 만세 운동이 시작되었고, 서울에서 시작된 독립 열기는 여러 도시들을 거쳐 전국으로 퍼져 나갔습니다. 처음에는 학생과 지식인들이 앞장섰지만, 농민과 노동자들도 그 뒤를 따랐으며 남녀노소를 가리지 않고 전 국민이 만세 운동에 동참했습니다. 전국 각지에서 솟구쳐 올랐던 독립의 열망을 하나로 모아 이끌 수 있는 새로운 정부에 대한 요청도 커져 갔습니다. 그래서 우리 민족의 대표자들이 뜻을 모아 만든 새 나라가 바로 대한민국입니다. 대한 제국의 유산을 이어받는다는 의미에서 나라의 이름은 '대한'으로 했지만, 더 이상 황제의 나라가 아닌 국민의 나라임을 분명히 하여 '민국'을 선포하였지요. 대한 제국은 주권을 빼앗긴 지 10년도 되지 않아 대한민국으로 다시 탄생한 것입니다.

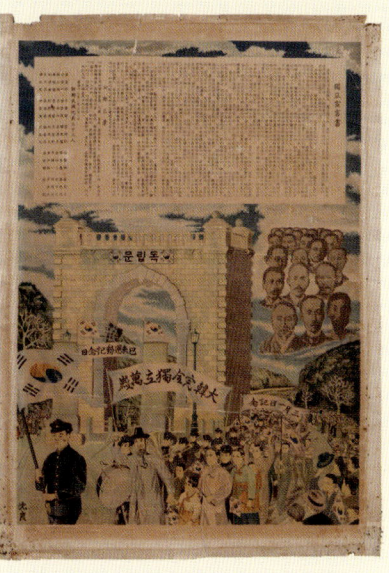

**3·1 운동 기념 포스터**
일심당에서 3·1 운동을 기념하기 위해 만든 포스터예요. 상단에는 독립선언서, 하단에는 독립문, 민족대표 33인, 독립운동 광경이 그림으로 인쇄되어 있어요. 국립민속박물관 소장.

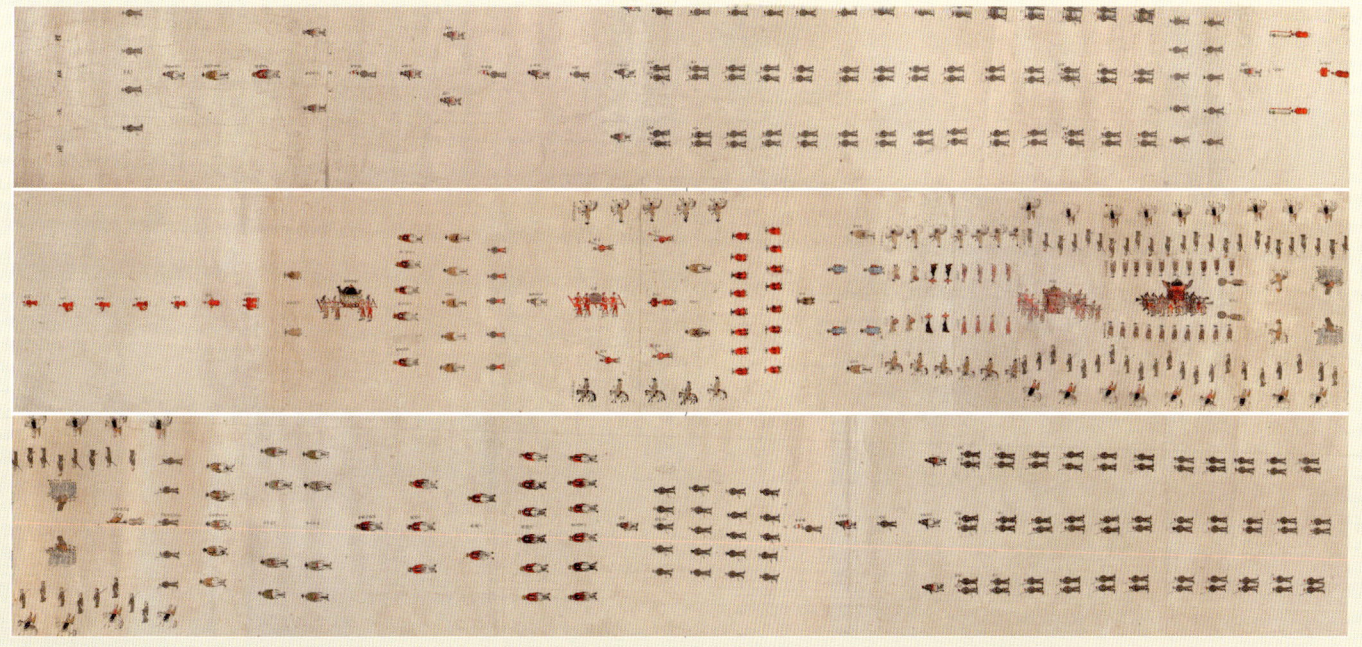

**가례반차도권**
1906년, 순종이 황태자일 때 윤택영의 딸(훗날 순정효 황후)을 황태자비로 맞이하는 가례 행렬을 그린 거예요. 대한 제국 황실의 격에 맞춰 변화된 가례 모습을 볼 수 있어요. 국립고궁박물관 소장.

# 찾아보기

## ㄱ
가배차 24
가쓰라-태프트 밀약 28
간도 34
갑신정변 13~15
갑오개혁 18, 23~24
강화도 조약 8~10
개화사상 9, 12, 24
개화파 13~15
경복궁 5
경술국치 30
국채 보상 운동 31

## ㄷ
단발령 19, 33
대동상회 22
<대한매일신보> 32, 35
독도 35
독립문 26
<독립신문> 26, 32
독립 협회 26~27
동도서기 12
동학 농민 운동 16~18

## ㄹ
러일 전쟁 21, 27~28

## ㅁ
만국 평화 회의 29
명성 황후 19

## ㅂ
박규수 9
병인양요 6~7
보빙사 11

## ㅅ
《서유견문》 24
서재필 14, 26
석조전 25
순종 30, 35
신미양요 7
신민회 32
신분 제도 18

## ㅇ
아관 파천 20
안중근 34
안창호 32
어니스트 베델 32
우정총국 14
운요호 사건 10
위정척사 운동 8
유길준 24
을미사변 19
을사늑약 29, 32
의병 운동 33
이토 히로부미 34
일진회 30
임오군란 12~13

## ㅈ
전봉준 16~17
전차 25
제물포 조약 13

## ㅊ
척화비 7
청일 전쟁 17~18
최익현 8

## ㅌ
토지 측량 22

## ㅎ
<한성순보> 32
한일 병합 조약 30
<헌의 6조> 26
헤이그 특사 29
환구단 21
흥선 대원군 4~5, 7, 12~13